Couvertures supérieure et i[...]
manquantes

TESTAMENTS
D'ARTISTES VÉNITIENS

JACOBELLO DEL FIORE, GENTILE BELLINI, PALMA VECCHIO.

La traduction française de la plupart des documents que nous nous proposons de publier ici en original a paru dans la *Gazette des Beaux-Arts*, en 1866 et 1867. Le texte primitif, latin ou vénitien, n'est, à notre connaissance, imprimé nulle part. Nous ne pouvons garantir néanmoins qu'il ne se trouve, en tout ou en partie, dans l'un des nombreux recueils littéraires et historiques de l'Italie. Nous ne le croyons pas. Ces documents (nous parlons seulement des Testaments et non des pièces diverses que nous y annexerons parfois), fort soigneusement conservés toujours, n'ont été retrouvés dans l'immense collection des actes notariés de Venise qu'assez récemment par M. Bedendo, l'obligeant conservateur de ce dépôt, et par son digne collaborateur. A eux tout le mérite de la découverte.

Je me borne à donner un aussi bon texte qu'il m'est possible de ces pièces curieuses. Je n'y joins aucun commentaire. Je suis certain qu'elles fourniront des notions nouvelles et sûres à l'histoire des artistes et peut-être à l'histoire de l'art.

Je cherche vainement le nom même de Jacobello del Fiore dans l'Histoire générale des peintres vénitiens de M. Charles Blanc. On remarquera qu'en dictant ses dernières volontés l'artiste affranchit l'une des deux esclaves qu'il avait à son service, Anne, vraisemblablement baptisée et chrétienne comme son nom l'indique.

Au testament de Gentile Bellini, fils de Jacques Bellini et père de Jean, je joins quelques décisions des Conseils de Venise relatives

1

(4)

aux travaux que Gentile exécuta, en commun avec son frère, dans la belle salle du Grand Conseil où se voit le Triomphe de Venise de Véronèse, et à son voyage à Constantinople.

Les récits et les traditions varient beaucoup sur les travaux et le séjour de Gentile en Orient, et sur les causes de son départ.

On raconte qu'ayant peint pour Mahomet II une Décollation de saint Jean-Baptiste, saint que les Turcs honorent (d'autres disent une bataille), le sultan remarqua qu'un détail horrible de la détroncation n'était pas bien rendu : la contraction des muscles et des chairs qui se produit immédiatement, paraît-il, au col et autour de l'os vertébral après la séparation de la tête. — « Mais tu ne sais pas « tout à fait ton métier, dit le sultan. Tiens, voici comment la chose « se passe. » Il fait un signe, un esclave s'approche ; la tête est abattue et l'affreux phénomène se manifeste. Gentile fit bonne contenance. Mais, le soir même, il ramassa ses pinceaux et se retira, dit-on, sur une galère en partance pour l'Adriatique.

Quoi qu'il en soit de l'anecdote, il est certain que Gentile Bellini fut envoyé par la république à Constantinople sur la demande de Mahomet II, qu'il y séjourna, qu'il y fut parfaitement traité et dignement récompensé, et qu'à son retour il travailla beaucoup encore à Venise. Sans doute le joli tableau que nous avons de lui au Louvre, dans la galerie des Sept-Mètres, est un souvenir de son voyage et de son séjour au Bosphore. On rapporte qu'il fut créé chevalier par Mahomet II : *n'ebbe la milizia*, dit Sanudo, dans l'extrait de ses Mémoires que nous citons plus loin. C'est vraisemblablement qu'il fut décoré par le sultan du titre de *Bey*.

Gentile parle dans son testament de l'Album des dessins de son père : *Liber designorum patris nostri*. Je crois que je puis me permettre de répéter ici, après les avoir publiés ailleurs [1], les renseignements que m'a donnés sur ce précieux portefeuille M. Rawdon Brown, par les soins obligeants de qui le *British Museum* en est devenu propriétaire.

L'Album ou le Livre des dessins de Jacques Bellini, père de Gentile, fut d'abord la propriété du sénateur Gabriel Vendramin. Il figura ensuite dans la belle bibliothèque de Jacques Soranzo. Il avait alors 431 folios. Il appartint ensuite à Marc Cornaro, évêque de Vicence, puis au comte Buonomo Algarotti, puis aux héritiers Corniani. En 1802, M. Jean-Marie Sasso l'acheta de M. Bonetto

---

1. Voy. *Gazette des Beaux-Arts*, t. XX, p. 282. Mars 1866.

Corniani, 30 sequins. En 1803, à la mort de M. Sasso, il fut vendu à M. Jérôme Mantovani. En 1815, il appartenait à M. Jean Mantovani, neveu de M. Jérôme Mantovani.

Morelli, bibliothécaire de Saint-Marc et homme de beaucoup de goût, qui le vit, l'a ainsi décrit dans une de ses notes : « C'est un ms. in-folio de 99 feuilles numérotées d'un seul côté. Les dessins sont au plomb et non au crayon de mine (*lapis*); quelques uns sont à la plume. Sur la 1re feuille sont écrits ces mots : *De mano messer Jacobo Bellino, veneto. 1430. In Venetia.* Cette importante et précieuse collection de dessins montre tout le travail et l'étude de Jacques Bellini et des autres maîtres de cette époque, qui est notre première bonne époque vénitienne. On y voit des combats d'animaux, des lions, des tigres et des chevaux. Il y a des fabriques avec une bonne perspective, digne d'être comparée à celle de Mantegna ; des édifices copiés facilement d'après nature ; des traits d'histoire sacrée et profane ; des batailles, des portraits, des statues équestres, des tombeaux, des paysages, des copies de bas-reliefs antiques. C'est, en un mot, un recueil de toute espèce de sujets qui peuvent servir à un peintre. Il y a partout un fort bon dessin, presque parfait, de la délicatesse et de la grâce plus que dans les tableaux de Bellini, qui sont en général un peu secs. »

L'album fut vendu le 11 février 1855 au *British Museum* dont M. Henri Ellis était alors bibliothécaire en chef. Le prix fut de 300 livres sterling ou 7,500 francs.

Après les testaments de Jacobello del Fiore, de Gentile Bellini et de Palma Vecchio, je donnerai les suivants :

1529-1530. Deux testaments de Benoit Bordone, le miniaturiste.

1574. Testament de François Zuccato, l'auteur de quelques unes des belles mosaïques du péristyle de Saint-Marc.

1582. Testament de Sansovino.

1594. Testament du Tintoret.

1598. Testament et codicilles de Benoit Cagliari, frère de Paul Véronèse.

1627-1628. Deux testaments de Palma le jeune.

1630. Testament du fils du Tintoret.

I.

1439, 2 octobre, à Venise.

Testament de Jacobello del Fiore, peintre.

In nomine Dei eterni. Amen. Anno ab incarnatione Domini nostri Jesu Christi millesimo quadringentesimo trigesimo nono, mensis Octobris, die secundo, indictione tercia, Rivoalti [1].

Solicite unusquisque vivere debet et juxta Salomonis dictum sua semper novissima cogitare, ne incautus occumbat et sic sua bona indisposita et inordinata derelinquat. Quapropter ego, Jacobellus de Flore, pictor, de confinio Sancti Moisis, Dei gratia, mente sanus, licet sim infirmitate detentus, timens ne subitus casus hujus labilis vite me intestatum, et de bonis meis inordinatum subriperet, ad me venire feci presbiterum Ambrosium Baffo, plebanum ecclesie sancti Pauli Venetiarum, et notarium; ipsumque diligenter rogavi ut hoc meum ultimum scriberet testamentum pariter et compleret, cum clausulis et additionibus necessariis et opportunis comunis Venetiarum. In quo quidem meo ultimo testamento, constituo et esse volo meos fideles commissarios Luciam, dilectam uxorem meam, Erculem filium meum adoptivum, ser Johanninum Laurencii a Lignamine Sancti Gervasii; ut, sicut ordinavero darique mandavero, sic ipsi, seu eorum major pars, post mei decessum, facere et adimplere teneantur.

In primis namque animam meam Deo recomittens, eligo corporis mei sepulturam apud monasterium Sanctorum Joannis et Pauli, ubi meus tumulus est fabricatus. Item poni volo cadaver meum in feretro mee scole Sancte Marie de Caritate Batutorum, indutum solum cappa dicte ecclesie et non aliis indumentis, nudis pedibus, et sine stratu et cultra, ac sine aliqua alia pompa; et sic ad tumulum deportari.

Item, dimitto pro mea decima ducatos decem auri.

Item, dimitto pro male ablatis incertis ducatos quinque auri inter pauperes mee contracte dispensandos.

1. Rialto. Les notaires de Venise dataient autrefois tous leurs actes de l'île Rialto, la cité et le centre même de Venise.

Item, dimitto dari viginti dopleria ponderis librarum quatuor pro quolibet, danda viginti ecclesiis quibus meis comissariis placuerit, accendenda pro elevatione corporis Christi.

Item, volo celebrari missas mille pro meorum pecatorum remissione, per ecclesias parochiales, et per eccclesias religiosorum antequam corpus meum tumuletur, si abiliter poterit hoc fieri, alioquin celebrentur immediate die sequenti ; pro elemosinis quarum missarum ordino dispensari ducatos duodecim auri.

Item, ordino, ad remedium anime mee, celebrari missas Sancti Gregorii in ecclesiis infrascriptis, videlicet : sancti Luce, sancti Dominici de Castello, sanctorum Johannis et Pauli, sancti Francisci a Vinea de sancto Erasmo, sancte Agnetis, sancti Pauli, dando ducatum unum auri pro qualibet ipsarum ecclesiarum.

Item, dimitto capitulo ecclesie sancte Agnetis ducatum unum auri.

Item, dari ordino ducatum unum auri pro quolibet infrascriptorum monasteriorum videlicet : corporis Christi, sancte Crucis de Judaica, sancti Jeronimi, sancti Lodovici, sancti Bernardi de Muriano, sancte Anne, ut dominice eorumdem monasterium dignentur semel legere totum psalterium pro meorum pecatorum remissione.

Item, dimitto Jacobello, nepti mee, et Agnesie ejus sorori, ducatos tres auri inter ipsas.

Item, dimitto conventui fratrum sanctorum Joannis et Pauli ducatos centum imprestitorum quorum prod exigere debeant annualiter, et celebrare teneantur singulis annis meum annualem in die mee depositionis.

Item, dimitto conventui sancti Petri martiris de Muriano ducatos duos auri, ut ipsi fratres orare pro anima mea in suis sacrificiis teneantur.

Item, dimitto omnes et singulas meas reliquias sanctorum cum suis ornamentis scole Batutorum sancte Marie de Caritate, in qua ego sum.

Item, dimitto omnes et singulos meos libros cujuscumque conditionis existentes antedicte Lucie, uxori mee, et Herculi filio meo adoptivo, in vita eorum tantum. Post eorum autem decessum, dispensentur per monasteria monialium bone vite.

Item, dimitto Annam sclavam meam liberam et francham ab

omni vinculo servitutis, cui dari ordino et dimitto ducatos triginta auri de bonis meis, si se extra Venecias maritare voluerit pro subvenctione dotis sue, alioquin nihil percipere debeat de bonis meis.

Item, dimitto Catherinam, servam meam, in manibus antedicte Lucie, uxoris mee, et prenominati Erculis, filii mei adoptivi, quam in eorum arbitrio relinquo tenendi, francandi, et maritandi, secundum quod de eorum processerit voluntatibus.

Item, dimitto fratri Stephano, ordinis Predicatorum, ducatos duos auri.

Item, dimitto antedicto Erculi omnia et singula designamenta et colores et cetera que ad artem pictorie pertinent, si se supradicta arte voluerit exercere; aliter vendantur, et precium ad meam comissariam transferatur.

Item, dimitto antedicto ser Johannino, comissario meo, si hanc meam acceptaverit comissariam, ducatos quatuor auri.

Item, dimitto Sancte Marie de Nazareth, pro fabrica, ducatos duos auri.

Item, dimitto domum meam, Padue positam, in contracta Sancti Augustini, antedictis Lucie uxori mee et Erculi, filio meo adoptivo, comissariis meis prelibatis, quam tenere et vendere possint ad libitum suum.

Item, dimitto Mariete, filie Constantini de Constantinis, ducatos centum imprestitorum meorum, pro subvenctione dotis sue, cum fuerit ipsa maritata. Et si antequam maritaretur decederet, dictum suum legatum ad meum residuum revertatur.

Item, dimitto fratri Dominico de Flore et fratri Johanni Bono de Muriano, ordinis Predicatorum, ducatos octo auri annuatim, pro quolibet eorum. Quibus volo scribi tot de meis imprestitis quod annualiter ipsi percipiant de prode dictos ducatos octo auri pro utroque eorum, obligando illos ambos quod singulis diebus cum celebraverint, comemorare teneantur animam meam in suis sacrificiis. Et hoc beneficium habere intelligatur solumodo in vita sua; ad eorum vero mortem utriusque eorum, possit et valeat sive teneatur istud beneficium ascribi facere alicui alteri bono fratri ipsius ordinis, qui teneatur ad dictam obligationem.

Et sic successive facere et ordinare teneatur cuilibet fratri qui possiderit ipsum beneficium, ut anima mea continuis temporibus commemoretur in sacrificiis Domini nostri Jesu Christi. Declarando tamen quia modo aliquo nolo quod dictum legatum seu beneficium valeat sive possit ad manus prioris qui pro tempore erit, sive ad conventum ipsorum fratruum[1] devenire; sed, ut predictum est, semper transferetur de fratre in fratre ipsius conventus.

Item, volo et ordino omnes et singulas meas domos quas possideo in civitate Venetiarum, tam in contracta Sancte Agnetis, quam in contracta Sancte Crucis, vendi debere, et precium exinde extractum ponatur ad meum residuum. Veruntamen bene volo quod Lucia et Herculis antedicti, comissarii mei, pro sua habitatione possint eligere unam de dictis domibus quam ipsi maluerint, et in illa simul permanere dum vita habuerint in humanis. Similiter dico si Herculis habuerit filios legitimos, quod ipsi valeant et possint in ipsa domo permanere in vita sua tantum; et post omnium eorum mortem, vendatur ipsa domus, et precium ad meum applicetur residuum. Intelligendo tamen quod volo precium dictarum domorum venditarum apponi ad cameram imprestitorum, penes alia mea imprestita, que ibi reperirentur. Similiter intelligo de bonis meis mobilibus que dispono ut vendantur et precium ponatur, ut dictum est, de precio domorum, extractis primo omnibus illis rebus mobilibus que ipsi Lucie et Herculi fuerint necessaria ad libitum eorum. Insuper volo quod ipsi jamdicta Lucia et Herculis, stando simul et honeste habitando, secundum Dei mandatum, habeant ritum et vestitum de bonis mee comissarie, quem quidem prefatum Erculem eidem Lucie, uxori mee, recomitto tamquam filium, illud habendo prout actenus ipsa habuit percipiendo eidem Herculi quatenus ipsam Luciam habere et reputare debeat, tamquam matrem, inferendo et honorem et obedientiam, atque mandatis suis semper subjacere; aliter autem faciendo, et se non bene regendo, et in exercitiis bonis non persistendo, legato atque quocumque beneficio sibi pro me facto omnino privetur; excepto tamen quia bene volo quod deputentur ei tot de meis imprestitis ad cameram imprestitorum quod de prode percipiat annuatim ducatos viginti auri, et habeat pro sua habitatione unam ex domibus meis positis in Pisina, in contracta Sancte Agnetis.

Item, volo et ordino quod omne id totum et quicquid dimitto antedicte Lucie, uxori et comissarie mee, in hoc meo testa-

---

1. *Sic,* ici et plus loin.

mento, intelligatur si ipsa viduaverit et vitam duxerit honestam, alioquin, nihil ultra dotem suam nihil de bonis meis percipere debeat, nec sit comissaria. Quam quidem dotem suam, volo quod, dum ipsa steterit et vixerit, de bonis·mee comissarie in ipsa comissaria debeat remanere.

Interogatus a notario de postumis, respondi : nunquam cum dicta mea uxore filios habuisse, tamen si forte ad mortem meam ipsa esset gravida et pareret, deputetur ad equalem portionem cum Ercule, sepedicto filio meo adoptivo.

Residuum vero omnium bonorum meorum mobilium et immobilium presentium et futurorum, et omne caducum et inordinatum seu quod ad caducum et inordinatum posset quolibet devenire, dimitto antedictis Lucie uxori mee et Erculi filio meo adoptivo, comissariis etiam meis in vita eorum solumodo. Post mortem vero amborum, volo dictum residuum firmum remanere ad cameram imprestitorum et prode annualiter per guardianum et officialles scole Batutorum Sancte Marie de Caritate, qui pro tempore erunt recipi, et de eo facere teneantur tres partes, quarum prima deputetur pro uno sacerdote, qui celebrare teneatur singulis diebus pro anima mea in ecclesia Sancte Marie de Caritate. Et in ista prima parte si ultra competens salarium dicti sacerdotis, aliqua pars denariorum superfuerit, dispensetur pauperibus fratribus dicte scole. Secunda pars dicti residui dispensetur pro subventione doctium filiarum pauperum fratruum ipsius scole. Tercia autem pars distribuatur et detur Domui Pietatis tam pro reparatione ipsius domus, quam pro subventione victus puerorum ibi existentium, rogando priorissam quam [1] pro tempore erit quod dignetur singulis annis, in die Assumptionis Virginis Marie, parare prandium tresdecim pauperibus, ad honorem Dei, et meorum delictorum remissionem.

Preterea, plenissimam virtutem et potestatem do, tribuo, confero pariter et concedo suprascriptis meis comissaris [2], seu eorum majori parti, hanc meam comissariam intromittendi, administrandi, furniendi et pertractandi. Insuper petendi, exigendi, recuperandi et recipiendi denarios, res et bona ac havere quodlibet a cunctis hominibus et personis mihi et mee comissarie dare debentibus et tenentibus quacumque ratione et causa,

1. *Sic.*
2. *Sic.*

cum cartis et sine cartis, per curiam et extra curiam, ac alio quoquomodo. Item, rogandi cartas securitatis, omnesque alias cartas necessarias et opportunas. Imprestita emendi, vendendi aliisque transactandi et scribi faciendi et supersum quamcumque scripturam fieri ordinandi. Domos si opportuerit vendendi, alienandi; stridas, noticias et quascumque alias cartas et scripturas necessarias et opportunas prout juris ordo postulat et requirit fieri faciendi; procuratores unum et plures constituendi et revocandi; insuper paciscendi, componendi et pacta quelibet faciendi. Item comparendi coram quocumque judicio, inquirendi, interpellandi, placitandi, advocandi, petendi et respondendi, precepta terminos et advocatores tollendi, legem petendi, sententias audiendi, easque fieri et executioni mandari faciendi, expensas petendi et recipiendi, in anima mea jurandi sicut facere possem si presens vivus essem. Appellandi et appellationis cartas prosequendi, et generaliter omnia et quecumque alia predicta mea comissaria faciendi quam quilibet verus et legitimus comissarius facere potest et debet. Statuens firmum, ratum et gratum omne id totum et quicquid per antedictos meos comissarios vel majorem partem eorum actum et factum fuerit.

Et hoc volo et ordino meum esse ultimum testamentum, meamque ultimam voluntatem, quod et quam prevalere jubeo atque mando ceteris aliis meis testamentis pro me ordinatis et rogatis.

Si quis igitur hoc meum ultimum testamentum, meamque ultimam voluntatem corrumpere aut violare temptaverit, sibique in aliquo contraire, componat cum suis heredibus et successoribus antedictis meis comissariis et suis successoribus se soluturus auri libras quinque; et attamen hec mei testamenti carta in sua permaneat firmitate.

Signum suprascripti prudentis viri magistri Jacobelli de Flore, pictoris, qui hec fieri rogavit.

S. Ego, Giovanis Rixius Telarolus, testis, subscripsi.

S. Ego, Gregorius, filius ser Jacobi Telarolus, testis, subscripsi.

(*Locus sigilli*). Ego, presbyter Ambrosius Baffo, plebanus ecclesie Sancti Pauli, capelanusque Sancti Marci, et Venetiarum notarius, complevi et roboravi.

II.

1474-1508.

I.

Testament de Gentile Bellini.

1507 (N. S.). 18 février, à Venise.

In nomine Dei et Domini eterni, Amen. Anno ab incarnatione Domini nostri Jhesu Christi 1506, mensis Februarii, die 18, indictione X^a, Rivoalti.

Cum vite sue terminum etc. Quapropter ego, Gentilis Bellino, eques, quondam domini Jacobi, de confinio Sancti Geminiani Veneciarum, sanus, gratia Domini nostri Jhesu Christi, mente et intellectu, licet corpore languens, volens bona mea ordinare, ad me vocari et venire feci Bernardum de Cavaneis, Venetiarum notarium infrascriptum, ipsumque rogavi ut hoc meum ultimum scriberet testamentum, pariterque post mei obitum compleret et roboraret, cum clausulis addictionibus et solemnitatibus necessariis, juxta ritum Venetiarum.

In quo quidem meo ultimo testamento, primo, commendans animam meam omnipotenti Deo, creatori nostro, ejusque gloriosissime matri Virgini Marie, constituo et esse volo meos fideicommissarios et hujus mei ultimi testamenti executores, Joannem, fratrem meum carissimum, ser Marcum de Pirigrino et ser Augustinum Nigro Strazarolum et Mariam, consortem meam dilectissimam, que sit et esse intelligatur pro majori parte, ut secundum quod hic inferius ordinavero darique jussero, sic ipsi vel eorum major pars adimplere debeant.

Item, volo et ordino quod cum placuerit omnipotenti Deo animam meam separare a corpore, cadaver meum deponatur et de eo fiat depositum in cimiterio sanctorum Joannis et Pauli, et donec per dictos meos commissarios fiat unum sepulcrum prout dictis meis commissariis videbitur in quo post mortem sepeliatur dictum meum cadaver, cum illis impensa et honore quibus videbitur dictis commissariis meis.

Item, volo et ordino dispensari debere ducatos decem in undecim prout videbitur dicte Marie uxori et commissarie mee pro anima mea.

Item, dimitto scole mee Sancti Marci [1] meum quadrum sancte Marie de Musaico.

Item, volo et ordino, atque rogo prefatum Joannem fratrem meum ut sibi placeat complere opus [2] per me inceptum pro dicta scola sancti Marci quo completo, sibi dimitto et dari volo *Librum Designorum* qui fuit prefati quondam patris nostri ultra mercedem quam habebit a dicta scola. Et si nolet perficere dictum opus, volc dictum librum restare in mea commissaria.

Item, volo et ordino celebrari deberi missas beatissime Marie et Sancti Gregorii pro anima mea.

Item, dimitto et dari volc Venture et Hieronimo, meis garzonibus, mea omnia designa retracta de Roma, que inter ipsos equaliter dividantur.

Item, dimitto et dari volo ecclesie sancti Geminiani meum quadrum magnum Sancte Marie quod est in porticu domus habitacionis mee pro anima mea.

Residuum vero omnium et singulorum bonorum meorum jurium et actionum, tam mobilium quam stabilium, caducorum, inordinatorum et pro non scriptorum, mihi testatori quomodolibet spectantium et pertinentium, aut spectare et pertinere quomodolibet valentium, dimitto prefate Marie consorti mee et commissarie mee dilectissime, quam meam heredem et ressiduariam universalem instituo et esse volo, cui animam meam commendo.

Interrogatus a notario infrascripto de interrogandis, respondit nolle aliud ordinare, nisi ut supra.

Item, dimitto notario infrascripto, pro ejus mercede, ducatos quinque in presentia testium infrascriptorum.

Preterea, etc. Si quis, etc. Signum, etc. Testes : ser Nicolaus Bonvicino quondam ser Petri et ser Valerius de Vegiis, quondam ser Stephani, ambo de dicta contracta.

----

1. L'École ou Confrérie de Saint-Marc, aujourd'hui Hôpital civil, près de Saint-Jean-Saint-Paul, *San Zanipolo*.

2. Le tableau de Saint-Marc prêchant à Alexandrie. Ridolfi en parle : *Pittori Veneti*, t. I, p. 42.

✝ Io, Nicolao Bonvixin, fui presente, ut supra.

✝ Io, Valerio de Vezi, fui presente, ut supra [1].

Après avoir plié et replié le papier sans le sceller, Bernard de Cavagnis écrivit sur la face apparente :

Testamentum domini Gentilis Bellino, a quo rogatus fui, ego Bernardus de Cavaneis, venetus notarius.

II.

1474–1479.

Extraits des délibérations du Grand Conseil et du Collége de Venise relatifs aux travaux de Gentile et Jean Bellini dans la salle du Grand Conseil, et au voyage de Gentile à Constantinople.

MCCCCLXXIIII. Die XXI Septembris. Indictione VIII.

Obtulit se fidelis civis noster venetus, Gentilis Bellino, pictor egregius, instaurare et semper donec vixerit in concio et bene pictas tenere figuras et picturas hujus Sale Majoris Consilii, que pro majori parte sunt caduce, sine aliquo salario. Sed pro suo sustentamento humiliter petiit sibi aliqualiter provideri. Et quia dicta Sala inter cetera hujus civitatis nostre ornamenta est de principalioribus, decens censuimus ejus instaurationi et reparationi providere.

Iccirco, vadit pars, quod auctoritate istius consilii dictus Gentilis deputetur ad dictum opus instaurandarum renovandarumque prefate sale figurarum et picturarum. Et teneatur illas instaurare atque reparare, quando et ubi fuerit opus, ac sibi committetur per provisores Salis, qui sibi providere debeant expensis nostris, de coloribus, et aliis rebus ad id opus necessariis. Verum, quia omnis mercenarius dignus est mercede sua, captum sit quod in premium laborum suorum, prima sansaria [2] fontici que vacabit, auctoritate istius consilii sibi conferatur in vita sua.

Et si quod consilium est contra, sit suspensum pro hac vice tantum.

1. Signatures originales.
2. Une place de courtier, au Fondego ou Entrepôt central.

De parte : 319. De non : 29. Non syncere : 21.

(*En marge*). Ser Paulus Maurocenus, ser Andreas Storlato, ser Franciscus Calbo, ser Joannes Mocenigo, ser Hieronymus de Molino, ser Angelus Gabriel, consiliarii.

(Archives des Frari. Grand Conseil. Reg. *Regina*, fol. 128, v°).

1479. 13 Augusti.

Venit huc his diebus ad presentiam nostri Dominii, quidam servus illustrissimi domini Turci, cum litteris ad nostrum Dominium prefati domini sui. Qui vehementer instat habere unum sculptorem et funditorem eris, sicuti etiam hoc desiderium suum declararunt orator suus, qui hinc discessit, et fidelissimus secretarius noster Joannes Darius. Et quia in simili re, adeo optata ab eo, omnino sibi satisfaciendum est; proinde, vadit pars, quod inveniri debeat per omnem viam et modum unus sculptor, ut supra, qui prestantior et sufficentior haberi possit. Et ut celerius ille habeatur, ex nunc committatur officialibus nostris Rationum Veterum [1], qui etiam per antea habuerunt hanc praticam, quod omni studio et diligentia sua, illum invenire conentur. Pro cujus expeditione Collegium nostrum habeat libertatem expendere illas pecunias que sibi videbuntur.

De parte, 106. De non, 0. Non Syncere, 0.

(Arch. des Frari. *Senato*. *Terra*. Reg. VII, fol. 58.

1479. 29 Agosto.

Quum fidelis civis noster, Gentilis Belinus, pictor, qui instaurabat figuras et picturas hujus Sale Majoris Consilii, de mandato nostri Dominii proficiscitur Constantinopolim ad serviendum nostro Dominio; et sit necessarium, quia dicta Sala inter cetera hujus civitatis nostre ornamenta est de principalioribus, quod ejus instauratio persequatur, vadit pars, quod, auctoritate hujus consilii, fidelis civis noster Joannes Belinus, pictor egre-

1. Le *Razon Vecchie*, l'une des chambres des Comptes de la République.

gius, deputetur ad dictum opus instaurandum renovandumque, et teneatur id instaurare, atque renovare quando et ubi fuerit opus ac sibi mandabitur per provisores nostros Salis ; qui sibi providere debeant expensis nostris de coloribus et aliis rebus, eidem operi necessariis. Verum quia omnis mercenarius dignus est mercede sua, captum sit quod, in premium laborum suorum, prima sensaria Fontici que vaccabit auctoritate istius consilii sibi conferatur in vita sua, quemadmodum factum fuit predicto Gentili.

Et si quod consilium est contra, sit suspensum pro hac vice tantum. Remaneat tamen predicto Gentili officium suum sansarie; qui cum redierit Venetias, sit etiam obligatus predictum opus prosequi.

De parte, 350. De non, 11. Non syncere, 4.

Ser Franciscus Dandolo, ser Petrus Memo, ser Joannes Capello, ser Marcus Venerius, ser Joannes Contareno, consiliarii.

(Arch. des Frari. Grand Conseil. Reg. Regina, fol. 192).

1479. 3 Settembre.

Infrascripti domini consiliarii terminarunt et deliberarunt, quod capitaneus Galearum Romanie acceptare debeat super ejus galea, prudentem Venetum nostrum Gentilem Bellinum, pictorem cum duobus ejus sociis, vel famulis, qui vadit jussu nostro ad illustrissimum Dominum Turchum, causa pingendi vel faciendi quoddam opus ; cui, vel ejus sociis non accipiatur aliquid ex nabulo. Et faciat ipse capitaneus fieri eis expensas victus. Quum redierit, providebitur per Dominium satisfactioni ipsarum expensarum, ut est honestum.

Ser Franciscus Dandolo, ser Petrus Memo, ser Joannes Capello, ser Marcus Lauredano, ser Joannes Contareno, consiliarii.

Item, suprascripti consiliarii terminarunt, quod prefactus capitaneus levare debeat duos socios Magistri Bartholomei, fusoris metalli, a quibus non accipiat aliquod nabulum; sed faciat illis expensas victus. De quibus, postmodum, in rediut galearum istarum, per Dominium providebitur, ut satisfiat.

(Arch. des Frari. Collége. Reg. Notatorio. 1474-1481, fol 106).

III.

1507, 23 février.

Extrait des *Diarii* de Sanudo le jeune relatif à l'inhumation de Gentile
Bellini.

1506 (V. S.) 23 Febbraro.

Nota. Ozi fu sepolto a San Zanepolo, Zentil Belin, optimo
pijtor, qual alias fo mandato al padre di questo signor Turcho,
dil qual ebbe la milizia. Si chè, per esser famoso, ne ho fato qui
memoria. Havea anni... E restato il fratello, Zuam Belin, chè
piu excelente pitor d'Italia.

Etiam in questi mexi morse a Mantoa Andrea Mantegna [1].

(Biblioth. Saint-Marc. Vol 1, fol. 353).

III.

1528, 28 juillet, à Venise.

Testament de Palma Vecchio.

Die 28, mensis Julii 1528. Indictione I^a. Rivoalti.

Cum vite sue terminum etc. Quapropter, ego, Jacobus Palma,
pictor, quondam ser Antonii, de confinio Sancti Bassi, sanus,
Dei gratia, mente et intellectu, licet corpore pregravatus, timens
hujus seculi pericula, ad me vocare feci presbyterum Aloysium
Natalem, plebanum ecclesie sanctorum Ubaldi et Agathe, Venetiarum notarium, ipsumque rogavi, ut hoc meum scriberet testamentum ; pariterque post obitum meum compleret et roboraret
cum clausulis solitis et consuetis.

In primis namque animam meam Altissimo commendans,
instituo et esse volo meos fideicomissarios et hujus mei testamenti executores ser Marcum de Baieto, mercatorem vini, ser
Joannem Frutarolum, in confinio sancti Angeli, et ser Fantinum

---

1. Vasari a cité ce passage des Mss. de Sanudo.

de Girardo tinctorem, qui omnes concorditer seu pro majori parte exequantur quantum hic inferius ordinavero, darique jussero.

Item, quando casus mortis mee advenerit, volo cadaver meum tumulari in archis scole Spiritus Sancti apud Sanctum Gregorium, de qua sum confrater, cum eis impensis funeralibus prout dictis meis commissaris placuerit.

Item, volo quod in remedium anime celebrentur misse Virginis Marie et divi Gregorii, cum elemosina consueta; et quod antequam cadaver meum sepulture traddatur, celebretur missas centum quinquaginta pro anima mea.

Item, volo quod per meos commissarios dispensetur ducatos viginti quinque inter meos affines et consanguineos magis indigentes, tam in presenti civitate Venetiarum quam in territorio Bergomensi, pro anima mea.

Item, dimitto Hospitali Pietatis, Hospitali Sancti Antonii, Hospitali Ulceratorum, pauperibus sancti Lazari et monasterio Sancti Juliani del Bon Albergo, apud Margeriam [1], ducatum unum, pro quoque dictorum locorum.

Item, volo quod mittatur Assisium ad orandum pro anima mea cum elemosyna consueta.

Item, dimitto Margarite, nepti mee, filie quondam ser Bartholomei, olim fratris mei, ducatos ducentos, pro suo maritare seu monachare. Et ipsa deccedente ante suum maritare vel monachare, ipsi ducati ducenti deveniant in meam commissariam.

Residuum vero omnium et singulorum bonorum meorum mobilium et stabilium presentium et futurorum caducorum inordinatorum et pro nonscriptorum, mihi et huic mee commissarie spectantium et pertinentium nunc et in futurum quomodocumque et qualitercumque, dimitto et relinquo, Antonio, Joanni et Mariete, fratribus, nepotibus meis, filiis prefati quondam ser Bartholomei, olim fratris mei, equaliter et equis portionibus inter eos; et uno vel pluribus deccedentibus, sine heredibus legitimis, tam masculis quam feminis, pars deccedentis vel deccedentium deveniat in supraviventes, quibus omnibus animam meam plurimum commendo.

Interrogatus de interrogandis, respondeo nil aliud velle ordinare, nisi prout supra ordinavi.

1. Malgera.

Item, dimitto notario, pro mercede sua presentis testamenti, ducatos quatuor auri.

Item, lego scole Spiritus Sancti apud Sanctum Gregorium, ducatum unum. Preterea etc.

Ego, Guido Solanus Urbinas, phisicus, filius domini Joannis, testis, rogatus et juratus, scripsi.

Io, Michiel da Feltre, drapier, fo de ser Matio, fui testimonio zurato et pregado.

(Sur le revers).

Testamentum magistri Jacobi Palma, pictoris, de confinio Sancti Bassi. Die 28 Julii. 1528.

BENOIT BORDONE, ZUCCATO, SANSOVINO, LE TINTORET, BENOIT CAGLIARI, PALMA Jeune, Le fils du TINTORET.

IV et V.

1529-1530.

Testaments de Benoit Bordone, miniaturiste.

Ier Testament, — 1529, 10 avril, à Venise.

Die 10 mensis Aprilis, 1529. Indictione secunda. Rivoalti.

Cum vita hominum in manu Dei sit, et nil certius morte et incertius ipsa hora mortis, in hoc transitorio seculo, habeatur; quapropter hoc considerans, ego, Benedictus Bordono, miniator, de confinio sancti Stephani confessoris, sanus, Dei gratia mente, sensu et intellectu, licet, jacens in lecto infirmus; volens ordinare bona mea, ne incautus occumbam, timendo casum improvise mortis, ad me vocare feci presbyterum Aloysium Schinelli, quondam domini Petri, ecclesie sancte Marie Formose, presbyterum titulatum, et Venetiarum notarium, ipsumque rogavi ut hcc meum ultimum testamentum scriberet, postque mei obitum compleret et roboraret cum clausulis necessariis et oportunis, juxta leges et ordines hujus civitatis Venetiarum.

In primis, animam meam Altissimo Creatori, ejusque matri

Sancte Marie Virgini, totique celesti curie, humiliter et devote commendans; deinde instituo et esse volo meam fidei et unicam commissariam, post mei obitum, Camilam, filiam meam amantissimam, quod post mei obitum ad executionem omnia infrascripta mandet.

Item, dimitto Camille, filie mee suprascripte, ducatos viginti quinque, quos ipsa in hac presenti infirmitate, et in aliis indigentiis meis de suis propriis denariis pro me expendidit.

Item, dimitto Ride, filie mee, in signum amoris ducatos duos.

Item, dimitto Faustine, etiam filie mee, in signum amoris, ducatos duos.

Item, dimitto Julio, filio meo peramabili, omnes libros meos, videlicet astronomie et philosophie.

Item, dimitto Fabricio, filio meo, unam vestem ex meis vestibus.

Item, dimitto Vincentie, filie quondam Malipedis, olim notari [1] libras decem parvarum; quas vollo omnino habere debere illico post mortem meam in contactis.

Item, vollo et ordino quod quandocumque ser Nicolaus Zopinus, librarius, voluerit libros Insularum centum, dentur sine aliqua solutione, secundum acordium inter nos factum et scriptum.

Item, declaro quod dictus ser Nicolaus non possit habere nec petere alios libros predictos, nisi prius exbursaverit ducatos viginti quinque suprascripte Camille filie mee et comissarie.

· Item, volo et ordino quod dentur reverendissimo domino Marco Maripetro, magnifici domini Pauli, quadretos duos sine aliqua solutione; quia ab ipso habui pro mercede dictorum ducatos tres.

Item, declaro quod habui a domino Francisco de Grifalconis ad bonum computum cujusdam quadri magni pro me fiendi ducatos quatuor.

Item, interogatus de interogandis, per notarium infrascriptum, respondi nole aliud ordinare.

Residuum vero omnium et singulorum bonorum meorum mobilium et immobilium et presentium et futurorum, caducorum

---

1. *Sic*. Forme vénitienne.

inordinatorum et prononscriptorum, et omne quod ad caducum
inordinatum et prononscriptum quod mihi aut mee comissarie
quomodolibet nunc et in futurum spectat et pertinet aut spectare
et pertinere posset, libere lego et dimitto suprascripte Camille
filie et commissarie mee amantissime. Et hoc, quia semper
mihi servivit in omnibus angustiis, necessitatibus et infirmitati-
bus meis tamquam vera et bona filia, et preceptis meis obedien-
tissima.

Item, vollo quod quando placuerit divine Majestati separare
animam ab hoc terreno corpore, quod cadaver meum tumuletur
ea impensa qua decet conditioni mee.

Item, vollo quod dominus Hieronymus de Mapheis, scriptor,
compatrinus meus, sit etiam penes dictam Camillam commissa-
rium insimul cum eadem, et libertate qua habet dicta Camilla filia
mea, commissarius. Preterea etc.

Ego, presbyter Aloixius Bonafino, decretorum doctor, testis
rogatus et juratus, subscripsi.

Ego, Polidoro Calegaro, in contrata de Sen Sten, testimonio,
pregado e jurado, soscrissi.

Au revers, est écrit :

Testamentum Magistri Benedicti Bordono, miniatoris, de
confinio sancti Stephani confessoris. 1529, 10 Aprilis.

[1530] Ser Evangelista, factor et habitator in domo magnifici
domini Petri Baduario, prioris Hospitalis Sancti Joannis Evan-
geliste Venetiarum, fidem fecit qualiter magister Benedictus Bordonus, miniator, vita cum morte comutavit de mense Februarii
proxime preteriti [1].

2ᵉ Testament, révoquant le premier.

1530 (N. S.), 9 Février, à Padoue.

In Dei Omnipotentis nomine. Amen. Anno Incarnationis Dominice millesimo quingentesimo vigesimo nono, indictione tertia,
die Mercurii, nona mensis Februarii, Padue, in contracta Sancte

---

1. Ce serait une erreur manifeste, inscrite en apostille il est vrai, dans un
acte authentique, si la date de 1530 ne devait precéder cette mention.

Sophie, intus in domo habitationis magistri Baldasaris Bordoni, cerusici, in quadam camera superiori ipsius domus, respiciente versus hortum.

Quia mutabilis et ambulatoria est voluntas hominis usque ad ultimum diem vite sue, hec igitur considerans ac bene sciens, magister Benedictus Bordonus, miniator, quondam Baldassaris, solitus habitare in civitate Venetiarum, sanus mente, boni et sinceri intellectus existens, licet infirmus, corpore jacens in leto, volens et intendens revocare aliud suum testamentum celebratum in civitate Venetiarum, et de novo testari, vocare fecit me Johannem Antonium de Tarvisio, notarium Venetiarum, rogans ut hoc suum scriberem testamentum pariterque complerem, relevandum post ejus mortem cum clausulis, aditionibus et condictionibus consuetis et opportunis, juxta stillum et ordines inclite civitatis Venetiarum, sic dicens, etc.

Primo, revoco omne aliud testamentum per me factum et ordinatum; et cum summo Deo placuerit animam meam ad se vocare, illam toti curie celesti humiliter comendo. Sepulturam mei corporis eligo et esse volo in locc ubi placuerit magistro Baldassari Bordono, nepoti meo, cum ea minori impensa que fieri possit. Interrogatus de legatis et locis piis a notario, dico nil aliud velle relinquere.

Item, relinquo Camille, filie mee, uxori Baptiste Zoppinum, de Venetiis, omne et totum creditum meum cujuscumque summe denariorum quos habere debeo a Nicolao Zuppino, tam de ratis, cursis quam decurendis, prout apparet in scriptis apud presbiterum Nicolaum, plebanum sancti Joannis, in Rivoalto.

· Item, dimitto Julio et Fabricio, filiis meis, ducatum unum pro quoque, jure et titulo institutionis, aut alio meliori modo quo possum; et vollo de illo ducato esse tacitos et contentos.

Item, ... et Faustine, etiam filiabus meis, nil aliud dimitto, quia eas satis competenter dotavi.

Residuum vero omnium et quorumcumque bonorum meorum ordinatorum et inordinatorum, caducorum pro non scriptorum et quovis modo mihi spectanctium et mei comissarie, mobilium et immobilium, dimitto magistro Baldassari Bordono, cerusico, nepoti meo, quem in omnibus bonis meis heredem instituo; et volo quod nunquam ab aliquo possit inquietari, molestari aut turbari, neque in judiciis vocari de his que ei relinquo.

Meum autem solum comissarium et exequtorem hujus mei

ultimi testamenti constituo et esse volo predictum magistrum Baldassarem, meum rexiduarium [1] institutum ut supra.

Et volo hoc esse meum ultimum testamentum, etc. [2]

Io, Antonio Becharo, de Santa Sofia, fiollo de ser Nicollo dito Squizaro Becharo, son sta testimonio, pregado et jurado, a questo testamento.

Io, Antonio, che fo fiolo de Bortolamio da............. son stato testemonio, pregado e jurado, a questo testamento.

VI.

1572, 1er Octobre, à Venise.

Testament de François Zuccato, le mosaïste.

In Dei eterni nomine. Amen. — Anno ab Incarnatione Domini nostri Jesu Christi, 1572. Indictione prima, die Mercurii, primo mensis Octobris. Rivoalti.

Considerando, Io Francesco Zuchato dal musayco, fo de messer Sebastian, li pericoli di questa nostra fragil vita, sano per la Iddio gratia, della mente, senso, memoria et intelletto, benchè alquanto del corpo infermo, in letto, ho voluto finchè la raggion regge la mente, di beni mei disponer et ordinare, et cusi ho fatto venir da me Baldissera Fiume, nodaro di Venezia, qui in casa mia, posta nella contra di S. Provollo. Il qual, a una cum li testimoni sottoscritti, ho pregato questo mio testamento et ultima volunta scrivesse, et dapoi la morte mia lo compisse et roborasse, segondo li ordeni di Venetia.

Per il qual, prima, l'anima mia raccomando al mio signor Iddio et alla beatissima Verzene Maria, et a tutta la corte celestial.

Item, casso et annullo ogni mio testamento, che io havesse fatto.

Item, dechiaro che tutto quello io debba haver da mio fratello

1. Légataire universel.
2. *Sic.*

Vallerio, ge lo lasso in segno di amor, et che niuno el possi molestar.

Item, quando piaquerrà el mio signor Iddio sepparar l'anima mia dal corpo et quella a si chiamar, voglio esser sepulto a san Zacharia, sotto il portego delle Monache, dove fu sepolta la prima mia consorte. Et il corpo sii vestito del habito di Schapuzini, cum otto torzi da libre 4 l'uno solamente, et li preti di tutti dui li hospedalli.

Item, io mi ritrovo di mia raggione in borgo di S. Zorzi a Noal diverse cose mobille per uso di casa, dichiaro quelle eser mie et di mia raggione, il resto di fabriche è pro indiviso tra mi et detto mio fratello. Il resto veramente di tulli li mii beni mobelli et stabelli presenti et futuri, caduchi, inordinati et per non scritti a me spettanti et che aspettar mi potesse, per qualunque modo et via, lasso a mia consorte Chiareta, qual sii mia solla herede, residuaria et solla commissaria di tutto mio residuo, et patrona assoluta ; et che niuno la possi molestar.

Item, voglio che detta mia consorte debbi dar exequtione a quella promissione che io ho fatto circa detti dui ducati qual lei si li ritrova haver nelle mani, et cusi la prego a darli dove la sa.

Interogato dal nodaro di luoghi pii justa le leggi, ho riposto non voler ordinar altro. Preterea, etc.

Io, Isepo, quondam messer Francesco, zogilier ala Fortuna [1], a San Marcho, soto la Procholatia vechia [2], fui testemonio zorato et pregato, sotoschrisi. Et conosco dito testador.

Io, Zambaptista, spizier al razo [3], fo del quondam messer Bortolo, fui testimonio zurado, et pregado sotto scrissi.

Au dos :

Testamentum domini Francisci Zuchati a musayco, quondam domini Sebastiani, rogatum sub die Mercurii, primo mensis Octobris, 1572, indictione prima.

Die lune VI mensis Octobris 1572, publicatum.

---

1. Bijoutier, à l'enseigne de la Fortune, sur la place St-Marc.

2. Sous les *Procuratie Vecchie*, ancienne demeure des Procurateurs de la République, partie de la place St-Marc, qui est du côté de l'Horloge, faisant face au Palais-Royal.

3. *Spizier al Raso;* j'ai de la peine à comprendre quelle pouvait être l'enseigne de ce magasin d'épicerie. Serait-ce : *A la juste Mesure ?* ou : *Au Détail ?*

VII.

1582, 24 Novembre, à Venise.

Testament de François Sansovino.

A di 24. di Novembre 1582. In Venetia.

Perchè è tempo di provedere avanti che la morte sopragiunga, acciochè nissuno de miei heredi et soccessori non resti mal satisfatto et in travaglio di controversia et di liti, si come suole speso avenire, pero io Francesco Sansovino, figliuolo del quondam messer Iacomo, che fu di Marco Antonio, trovandomi sano del corpo, et per gratia di Dio, ben disposto della mente, ho ordinata questa mia ultima volonta testamentaria.

Quanto all anima, adunque, essendo io stato misero peccatore, prego i miei heredi, che con le loro orationi mi aiutino a impetrare la misericordia di Dio, acciocchè mi perdoni i miei peccati, accettandomi in luogo di salvatione, come mio fattore e signore.

Quanto al corpo, ordino e voglio esser portato de longovia ch' io saro morto, cioè quella prima sera, a san Giminiano, facendo prima la limosina consueta al capitolo di San Basso, sotto la cui parrocchia io habito al presente. Et la mattina sequente, dette che saranno le messe per l'anima mia, secondo l'arbitrio de miei commissarii, voglio esser cacciato sotto nell' arca nostra, nella nostra cappella del Crocefiso, posta in detta chiesa. Ne voglio, per conto alcuno, esser condotto a processione per piazza [1], ne per nessuno altro luogo, non essendo questa ceremonia d'obbligo, nè di precetto, ma pura pompa mondana et vanità, come attesta Santo Agostino; et di ciò ne prego strettamente i miei commissari.

Iquali commissari, voglio che siano Madonna Benedetta Misocea, mia carissima et amatissima consorte, la quale ho sempre

---

1. Autour de la Place St Marc. — L'église St-Géminien n'existe plus.

amata di tutto core, et amerò, se dopo morte si può amar cosa cara seben mortale, e Iacomo, mio et suo figliuolo, con questo però ch'ella sia per la maggior parte in ogni attione. Alla qual Madonna Benetta lascio per gentilezza a ricordo, il mio tazzone d'argento ch'io hebbi da Messer Roberto Strozzi in dono, et la bella coppa d'argento che io hebbi in dono dal signo Roberto Papafava, prior di San Stefano.

Et lascio a Fiorenza, mia nipote, nata di Iacomo mio figliuolo, per segno d'amor, la mia tazzetta d'argento, et la coppa piccola di argento. Et li predetti miei commissarii prego, et comando loro che habitino unitamente insieme, vivendo in comune dell' entrata et proventi della mia facultà; perchè l'amore et l'unione, oltre ch' è debito tra madre et figliuolo, è anco cagione della conserva-zione delle famiglie ben regolate. Ma caso che Madonna Benetta non volesse, o non potesse stare insieme col detto Iacomo nostro figliuolo, allora lasso alla predetta, per segno d'amore, tutti li drappamenti di lino ch' ella si trova haver per suo uso. Et oltre a cio tutti quelli drappamenti di lino che a lei parerà di toglier per suo comodo et a sua elettion, senza contraditione alcuna di qualsivoglia persona al mondo.

Item, lasso alla predetta tutta la sua dota integra, che è di ducati doimila da L. (*libre*) 6, g. (*grossi*) 4. per ducato. Et le lasso oltre a ciò la sua contradote ch' è di ducati mille da L. 6 g' 4. per ducato, a ciò per i meriti suoi, et per l'ottimo governo fatto in casa mia, et per lo suo molto valore, degno di maggior premio et donativo che non è questo, quando io potessi; che in summa ascende in tutto alla quantità di ducati tremila, si come negli atti di Messer Antonio Caligarino, nodaro, sotto l'anno 1531, appare.

La qual dote et contradote le sia pagata et esborsata ad ogni suo beneplacito, quando non volesse o non potesse stare col pre-fatto Iacomo, come s'è detto.

Item, li lasso nel detto caso, in vita sua, stara dodesse vinitiani di formento, ben crivellato, et sei cioe [6] mastelli di vino puro della possessione mia de Trissigoli.

Il residuo veramente di tutti li miei beni, presenti et futuri, cosi stabili come mobili, et di qualunque sorte, in qualunque parte del mondo esistenti, lasso a Iacomo, mio figliuolo legitimo et naturale; et dopo lui voglio che vada ne' suoi figliuoli et discendenti legittimi et naturali, in perpetuo, per linea mascolina, fino che ve ne saranno; e mancando i mascoli vada nelle femine.

Il qual Iacomo prego che voglia esser obsequente et obediente alla sua honoranda madre, perch' ella per le sue nobili qualità è degna di ogni honore et di ogni amore, come ad esso Iacomo et a tutti è ben noto. Et l'esorto a riportarsi alla volontà di lei per utile et ben suo et de suoi figliuoli.

Et questa è la mia ultima dispositione, la quale ho scritta et sottoscritta di mia propria mano, questo giorno predetto, 24. di Novembre 1582. Abolendo et cassando et annullando ogni altra scrittura ch' io havessi per avanti in cosifatta materia scritta, overo ordinata.

Et annullando il testamento ch' io ho fatto di questo mese medesimo, alli 14 del 1581 [1], che si trova in Cancellaria ducale, il quale io detti a messer Cesare Ziliolo. Il qual testamento del tutto voglio che sia annullato et casso.

Io, Francesco Sansovino predetto, ho scrito et sottoscritto propria manu, et sigillato col mio proprio bollo.

(*Au bas*) :

A di 14. Luglio, apperto per comando di S. E. Inquisitore Basadona al Magistrato Eccellentissimo dell' Acque, e non publicato.

VIII.

1594, 30 Mai, à Venise.

Testament du Tintoret.

Jesus Christus.

Die 30 Maii 1594. Indictione septima. Rivoalti.

Io, Iacomo di Robusti, detto Tentoretto, fu de ser Battista, sano per la Dio gratia della mente et intelletto, ma infermo del corpo, stando in letto, desiderando ordinar le cose mie, ho fatto chiamar et venir a me Antonio Brinis, nodaro di Venetia, in

1. *Sic.* Il faut lire sans doute 1582.

casa della mia habitation, della contra de san Marcilian, et l'ho pregato che scriva il presente mio testamento et ultima volontà, et dapoi la mia 'morte lo compisca et robori, con le addition et clausule necessarie, secondo li statuti et ordeni di Venetia.

Et prima, raccomando l'anima mia all' eterno Iddio, al salvator nostro messer Iesu Christo, alla gloriosa Verzene Maria, et a tutta la corte del cielo.

Voglio siano mei heredi mei figlioli, cosi mascoli come femine, de tuto il mio, ma pero con le conditioni et modi infrascriti. Voglio che tutte le cose pertinenti alla profession mia siano de mio figliolo Domenico, con questo però che l'uso di esse et in particolar di quelle che appartengono al studio di essa mia professione, mentre staranno insieme da buoni fratelli in pace et amore, sia l'uso di quelle comune fra lui et mio fiol Marco.

Voglio che mio fio Dominico finisca le opere mie che restassero imperfette, di sua mano, usando quella maniera e diligentia che ha sempre usata sopra molte mie opere.

Prego mio figliol Marco a viversene in pace con suo fratello, nè tralasciar d'attender alla istessa profession sua e mia, aiutando la casa con operation tanto nobile e virtuosa.

Voglio che la mia carissima consorte, madona Faustina Episcopi, sia donna e madonna patrona et sola commissaria et usufruttuaria de tutto el mio, e governatrice de miei et suoi figlioli et figliole, mentre viverà, con autorità de poter cavar fuori del corpo delli mei beni di qualunque sorte, si mobili come stabili, anco della città, queltanto che a lei paresse per le doti de Ottavia et Laura, mie figliole overo per il suo monacar, come a lei parerà, cosi in vita come per suo testamento. Et quelli miei figlioli et figliole che si partiranno d' lla obedientia di sua madre, voglio che restino et siino privi in tutto del mio.

Voglio che la ditta mia consorte possi con suo testamento conditionar la sua parte a quello o quelli de' miei figlioli o figliole che a lei parerà, et questo sapendo quanta sia la prudentia et valor suo; et mentre viverà la detta mia consorte, non possi alcuno de miei figlioli o figliole, per qualsivoglia causa, dimandar estintion ne' division, ne parte alcuna, separatamente dalla mia facoltà; ma lei possa far quello che li parerà conveniente in tal proposito cosi in vita sua, come nel suo ultimo testamento.

Dechiaro haver havuti ducati cento cinquanta, et ori, argenti, et altri mobili, per l'amontar in tuto de ducati trecento cinquanta in tuto, li quali sono dimisoria della mia consorte, lasciati a lei per testamento di sua nona.

Dechiaro haver havuto la portion de mobili de messer Piero Episcopi, mio cugnato, pertinenti alla mia consorte come residuaria de suo fratello, l'amontar de' quali apar per inventario e stima de mistro Ventura Venturini, sartor a san Lio, e questi oltra il loco di Zelarin. Oltra di questo, dono liberamente a essa mia consorte tutte le spese che ho fatto nel funeral et sepoltura del ditto ser Piero, suo fratello et mio cugnato.

Voglio che quando venirà l'occasion di andar al possesso della sansaria di Fontego di Todeschi, concessami per questo Illustrissimo Dominio, la sopraditta mia consorte possi nominar uno de mei figlioli, o nepoti, o mascoli o femine, come a lei parerà; et non facendo lei questa denominatione, per qualsivoglia causa, possano li miei figlioli o suoi discendenti a quel tempo far tal denominatione.

Anchora voglio che la ditta mia consorte possi far una intradella per lassarla a suor Ottavia e suor Perina, mie figliole, monache nel monastero di sant' Anna di Venetia.

Interrogato dal nodaro de' hospedali, poveri vergognosi della terra et altri lochi pii, che è obligato domandarmi, ho risposto lasso il cargo a mia consorte.

Preterea etc.

Io, Sebastian di Frana, fu de ser Bortolo, fu testimonio, jurado et pregado.

Io, Isepo Murani, fu de misser Zan Vetor, fui testemonio, jurado et prechado.

(Au dos) :

Die 30 Maii 1594. Testamentum domini Iacobi de Robustis, dicti Tentoretto, de confinio sancti Martialis.

Die primo Junii 1594.

Publicatum fuit supradictum testamentum supra cadaver.

IX.

1598, 1er Mai.

I.

Testamento de io Benedetto, sotoscrito.

Con il nome della Santissima Trinità. Del 1598. Il primo Mazzo del 1598. Primo Genaro[1].

El se dechiara per la presente scritura in forma di testamento e come fusse di publico nodaro, com testimoni, quanto che di mio pugno e scrita e dal animo mio inditata, come io, Benedetto, fratel del quondam messer Paulo Caliari, ambi figlioli di Messer Gabriele, nostro padre, volendo aquietar la mente al justo obligo che mi sento aver a Dio, per quel che so e posso et al sangue, secondo il mio sapere e obligo, mentre mi sento sincro[2] d'ogni passione, e sano per gratia sua di mente et di corpo paro.

Prima racomando l'anima mia alla sua infinità misericordia, dimandando perdon de tuti i mei pecati, pregando la Santissima Vergine e madre di Christo, filiol di Dio, co tuti santi e le sante, che me impetri gratia dalla divina Trinità, Dio della christiana Religione, di proseguir salute de l'anima mia per i meriti della sua passione et morte.

E disponendo per quel che posso et en mio posseso, ordino che madona Ellena, mia cognata, e messer Gabriel, mio nepote, e suo figliolo, sieno comessari et essecutori favorevoli alla mia volontà, et a quella del quondam sùo fratelo et mio nepote Carlo

---

1. *Sic.* Je ne puis expliquer cette double date.
2. *Sic.*

defonto, che fu de benefisiar le fie de madona Lugresia Allabardi, mia neza, maridandosi o inmonacandosi; procurando che abino per una al suo tempo ducati 200, cioè ducati dusento per una, comprendendo quello che potrano aver per altra onesta via. Et a madona Lugretia lascio che sia aitata con ducati 20. allano, o per suo sovegno in caso di necessità, overo per fito di cassa; e tanto li sia contribuito.

E alle fie di sua sorela Virginia, al suo maritare sia dato ducati 20 per una, per amor de Dio; et alle filie deli filioli de miei frateli sieno dato al suo maritar ducati trenta per una, essendo vergine di buon nome; et questa conditione sia posta in tute per la prima volta che si maritino non essendo state maritate, altrimenti sieno escluse. E questo sia fatto con quella celerità e presteza che sia possibile ma convenevole, rispetto alla comodità de l'una e l'altra parte, presto quanto si possa, per tuorsi fuori di cosi importante obligo et esser libero.

De tutto il restante de l'avere che io intendo de mie raggioni, lasso madona Ellena sopradetta et missier Gabriel suo filio et mio nepote usufrutuari di tutto quello che mi ritrovo avere fin che vivono. E nascando che madona Ellena fusse la prima a passar a l'altra vita, lasso e ordeno che messer Gabriel suceda patron assoluto di tuto ciò che se mi aspeta, con el carico di dispensar le doti come se detto, se non saranno eseguite, che Dio benedetto glielo lassi goder insieme con il suo, con prosperità nella sua gratia. Ma se contro il corso di natura, sua madre restasse dopo lui, ch' ella resti patrona con li eredi di esso suo filiolo se ve ne fusse. E se non ve ne fusse, volio in tal casso che ella resti posseditrice della facoltà lasiata da suo marito e mio fratelo a suo filiolo secondo le leggi, con la sua dote, ancora aciochè libera possa disponer del suo come le piace.

Ma la parte a me aspetante in tal casso, quale ella sia o fusse, computando ducati 2,000 dati di mia parte a madona Vitoria in dote, che ella possi dimandar la sua legitima cerca la faculta di suo padre, e quello che resta di mie ragioni se cosi per cassi aversi sucedesse, volio che la sia distribuita alli più bisognevoli de miei più stretti parenti, cioè filii o filie di messer Francesco e messer Antonio, o di madona Cassandra, o madona Laura, mie morte sorele, per quel tanto che sia judicato da persona ragionevole e di consientia, intendendo però di non conditionare in infinito, ma secondo li acidenti et il tempo ognuno che posseda libero e possa secondo il suo bono inteleto e consientia disponer come li piace, salvando li oblighi primi sudetti del ajutar e mariter quelle vergini, secondo che si scoprira a tempo l'occasione con verità e sensierita.

Questo sera adunque il mio ultimo testamento da doversi secondo la mia volontà eseguirsi, in quel modo che Dio benedetto che il fato dispone li piacera.

E io, alla sepoltura in S. Sebastiano, sia condoto con uno capitolo di preti e quatro Jesuati et li pupili de li Ospitali della Pietà et deli altri, che si costuma, dando a tuti la sua limosina abondante; cosi alli Reverendi padri de Santo Sebastiano sia data una lemosina, acio che faciano oratione per me et dicano le messe che si costumano per morti. E ancora si fatia tore un giubileo et perdonanza per l'anima mia quanto che io credo ne sufragi eclesiastici , e che Dio benedetto abbia trasmesso questi tesori a salute del anime che li crede che ne a bisogno , e che ne prega.

Io, Benedetto, fratello di esso messer Paulo, e cugnato di madona Ellena, sua consorte, e zio di messer Gabriel, suo filiolo e mio nepote, di mia propria mano scrissi.

Testamento de io Benedetto, soprascritto. E agiungo quello che e scritto da messer Venturin in un altro foli.

Au dos :

Hoc est testamentum excellentis pictoris domini Benedicti Caliari, quondam domini Gabrielis, ejus propria manu, ut affirmavit, scriptum, etc.

1598. Die 27. Maii. — Publicatum fuit suprascriptum testamentum in domo dicti quondam Testatoris, in presentia multorum consanguineorum, viso prius cadavere.

II.

Principiate, messer Venturin, quello che io vi anderò indicando, dando maggior perfesione a testamento principiato di mia mano in altro folio, segnato 1598. Prima, ma principiate cosi.

Ordeno che in diversi tempi sia agiutado per cativo, che pur dala natura è mio nipote, ser Piero fu del quondam messer Francesco, mio fratello, ducati 50 d. in più volte, come parera al signor Gabriel, mio nepote, di darli. Et questi intendo che li sia dati per elemosina; et quando esso, per malla dispositione avesse, come persona de pocho intelletto, volesse mover litte come a tentado altre volte, si intendi privo di questo benefittio. Et questo fazio solon per mera bontà.

Item, che a Zuanbattista, per la sua fedel et amorevol servitù, al suo partir, li sia consignato tra le pitture, desegni, relievi, per l'amontar de ducati 25.

Item, che a Margarita, per la sua fedel, real et amorevol servitù, li sia dato et agionto oltra il suo salario et doni ricevuti, ducati 10.

Item, che sia liberado messer Carlo, fu marido de dona Camilla, dal debito che si atrova con mi.

E io, Benedetto soprascritto, afermo quanto è soprascritto.

Au dos :

Hoc est codicillum excellentis pictoris domini Benedicti Caliari, etc. 1598. Die 27 Maii.

Publicatum fuit suprascriptum codicillum in domo dicti quondam Testatoris, in presentia multorum consanguineorum, viso prius cadavere.

X et XI.

1627-1628.

Testaments de Palma le jeune.

a. — 1er Testament. 1627, 1er avril, à Venise.

1627. a di prima Aprilie.

Io, Giacomo Palma, del signor Antonio, sano per la gratia del Signor et Onipotente Dio del corpo, mentte e inteletto, ho deliberato per questo mio ultimo testamento disponer delle cose mie, nel infrascritto modo. E per che conosco che la prudenza umana non puo proveder tutti i acidentti che posano ocorer, per tantto, con ogni umiltà magiore, supricho sua divina maestà degnarsi di aver in protecione non solo il corpo et l'anima mia, che con ogni magior caldezza le raccomando, ma le creature e quella roba che lascierò dopo la mia mortte. Pero, caso, revocho e anulo ogni altro testamento che sino sino al presentte avesi fatto, volendo che questa sia la mia ultima volontà.

Prima, il corpo mio sia sepolto con quella parsimonia che sia covonevole e come parerà alli miei comesarii, secondo il statto che mi trovero. E detto corpo sia sepolto ne l'archa che ho fatto fare nella chiesia di Santo Gioan e Paulo, per mezo la portta della sagrestia ; e cusi serva per li mie posteri.

E per che ritrovandomi ora aver due sole filgiolle, una sie Giulia, qual è maritatta nell' eccellentissimo signor Zananttonio Pretti, la quale per gratia del signor Dio, è collocatta benissimo essendo comoda ; l'alttra sè Cleria, la quale è vedova e malsana, con un filgiolo de ani 9 ho dieci in circha, e non avendo nesuno di loro cosa alcuna al mondo, sola quella pocha dotte che io li diedi ; che avendone ancho perdutto il terzzo, come per lege, pero per resarcirla della perditta, li lasso ducatti mille et altri doi milla, che fano tre milla, acio posi viver esa e suo filgiolo. Quali dinari si ritrova haver ne le mani il signor Francesco Minardi da Este a livello. E in caso che ditti dinari non fosero in eser, volgio che possa pilgiar de beni si danari come roba del mio avere.

Ma prima sia cavatta la dotte di mia molgie Andriana Palma, e quella sia divisa a dette mie filgiolle, si come anche nel testamentto di sua madre si vede. E per che, quando maritai Cleria, io li feci far quietacion e renoncia de la sua porcione per che mi trovava alora aver un filgiollo vivo, hora mo la lascio libera de tal quietacion, acio la posi aver il beneficio di detta dotte e partte.

Et alla ditta Cleria li laso tutto il mio mobillé e tutti li danari et orri, arzzenti, rami, peltri e tutto quello che vi si trovera, acetuando tutte le cose apartenentti alla proffesione della pitura, come quadri finitti, abozatti, desegni, relevi, libri et ogni altra sortte di masaritie apartenentte a ditta profesione ; qual volgio e laso a Giacomo, mio nepotte, filgiollo di Cleria, mia filgiola, quale deba atender alla profisione de la pitura e facendoci chiamar da casa Palma, per la memoria di quel Giacomo si famoso Palma, et anche per memoria mia.

Ma prima, sia cavatto tre quadri, e sia del signor Zananttonio Pretti, mio genero, a sua elecione, et anco il mio bacille e ramino d'árzentto, se pero sara in eser, per che non poso sapere il statto che mi troverò al tempo della mia mortte.

A Giulia, mia filgiola, li laso ducatti centto, per una volta, tantto quelo per amorevolezza, sapendo che lei non ha bisogno, come e detto di sopra; e tantto piu che avendo io speso nel maritar sua filgiola Andriana, e datolli la dotte del mio, come si vede nel suo contratto di noze, dove vi è intratto anche quelli due milla ducatti che il signor Zanantonio Pretti doveda dar a esa Andriana, al suo maritar, che erra dimisoria del signor Giacomo Vassilachi, suo padre; quali doi milla io li promeso dopo la mia mortte al detto signor Zanantonio Pretti, si come si vede ne li atti di Contessino Zopino, noder, e ancho per scritura di sua mano, si che non puo in questo pretender nientte.

Item, laso a Giacomo Alborello, mio allievo, per amorevolezza e servirtu, fatami tanto tempo, ducatti centto per una volta tantto, e dui quadri di grandeza di braza quatro in circha, e trentta pezzi de i miei desegni. E li sia fatto contto del suo salario, come si vede per suo ricever, si li miei libri et acordo suo. E mi dole non aver molto, per mostrar il moltto amor che li portto.

Ha Maria Miona, che mi a servitto anco lei, li lasso ducatti centto per una volta tantto, per che del suo salario io tengo in casa suo filgiolo, facendoli le spese et insegnandoli la professione della pittura, che cusi siamo d'acordo. E torno a dir che voria aver per riconoscer tutti che mi a servitto, ma non sapendo il fine che a da esser non posso terminar le cose.

Alli quatro Ospetalli, cioè san Gianepolo e l'Incurabilli, la Piettà e Mendicantti, li laso ducatti sinque. Per uno mio comesario, lascio mia filgiola Cleria, che faci tutto quello e tutto quello che li parerà, e sia a laude del Signor Idio; facendomi dir delle mese numero sinquanta, e pregar il signor per l'anima mia.

E di piu, che si fose alcuno di questi nominati in questo testamento che movese litte alla comissaria, volgio che sii privi di tutto quello che potese pretender che li laso e che potese aspetar; che cusi è la volontta mia, a laude del signor Dio; e che il tutto sia et se inttenda decadutto nell' infrascrito mio residio. Il residio di quello che mi potesse per alcun tempo e che aspetar potese apartenentte alla mia commessaria, laso a mia filgiola Cleria e suo filgiolo, che esendo privi dogni agiutto poseno mantenersi.

E per che io son molto ubrigatto alla casa et alla virtu del signor Giacomo Tentoretto, fu eccellentissimo pitore, la cui fama sara sempe imortalle, come per molti favori recevuti in tempo di sua vitta e come per molto amore pasatto fra me con il signor Domenico Tintoretto, suo filgiolo, universamentte et inparimentte eccellentissimo nelle pitura, laso al signor Domenico quatro pezzi di mie disegni, li qualli si dovera elegere de li miei a suo piacimento. E si bene sono cosa di pocho valore, e che non abisogno di simil cosa, pero di questo pocho saro sichuro che ne restera servitto per esser puro segno di amore; il quale avarei magiormentte dimostratto in vitta mia, quando la etta mia et il resto avesse permeso che io mi apparentase secho si come averei desiderato.

Io, Iacomo Palma, sopra ditto, ho scritto e sotto scritto il presentte testamentto di mia mano propria, a laude del signor e groria del signor Dio, e sigilatto del mio sigillo.

2ᵉ Testament. — 1628, 1ᵉʳ Août, à Venise.

In nomine Domini 1628, di primo Agosto. In Venetia.

Avendo, io, Iacomo Palma, del condam Antonio Palma, fatto il mio testamento l'ano 1627 a di primo Aprille, e presentato in cancelaria ducal, è lasciato quella pocha de roba che ora mi trovo si come mi è parso per consiensia; hora volgio con questo codicillo regolar alcune cose.

E prima, nel detto testamento lascio a Giacomo, mio nepotte, filgiollo Creria, tuto il mio studio, come quadri, desegni, relevi, libri et ogni sortte de masarisie apartenentte alla profesione di esa pitura, mentre che lui atenda a detta profesione; in caso non volesse atender, sia diviso detto studio fra le mie doi filgiole, cioè Gulia e Creria, acio si li fose qualche nepotte che volesse atenderze, posi aver comodità di prevalersi. E sopra tutto, si facino chiamare da cha Palma, per tener memoria viva della casa in questa profesione.

In caso che Giacomo, mio nepotte, filgiolo di Creria, si partise dalla obedientia di sua madre, in questo caso sia privo di tutto quello che li laso, e vadi ditta roba a sua madre. Creria; e anche la lascio sola comesaria et erede, ma prima siano cavatti tutti li legattati che nomino nel testamentto e codicil.

Lascio a Giulia altri dusentto ducatti; e li centto che li lascio nel testamento, che sono in tutto trecento, per una volta tantto.

E perchè non so in che statto finirò la vitta, per che potrebe eser che vivese asai et impotentte e consumase ogni sustanza, e non potese esevir questo desiderio che ho, che besognerebe aver pacencia al signor Zanantonio Pretti, mi genero, oltra quello che li lasso nel testamento, li agiongio dusentto ducatti per una volta tantto. Qual danari lui me deve dare per un scritto che li impretai quando il tolse la casa sul campo a Santo Anzello, si come si vede nel scritto. Li altri sii divisi ne li tre suoi filgioli, si che ne abino centto per uno; et non fosero abastanza, si pilgera della comesaria; e questo per una volta tantto. Oltri, li lassio altri doi quadri a sua ellitione. E mi dolle non aver molto per poter far asai.

E se, per fortuna, consumase ogni cosa, e che restase in piedi, li tre milla ducatti che a livello il signor Francesco Minardi sia sensa alcun contrasto di Creria, acio la si posa mantenere con suo filgiollo, non avendo niette di beni paterni.

E torno a dir che si sara alcuno che movesse litte delli nominatti, sia imidiate privo di quello che potese aspetar del mio.

E perchè non mi trovo aver persona a chi posi recomandar, e che abi protecione, essendo che ognuno atende al suo interese, laso adunque che il signor Idio li dia il suo agiuto. E torno a dir sia comessaria et erede di tutto e di quello che potese aspetar alla mia comesaria, in caso che mancase ditta Creria e suo fil- giollo, senza eredi, vadi il tutto alli piu propinqui di miei. E sia a laude del signor Dio.

Il presentte codicillo si è fatto di mia mano propria, cioè io, Iacomo Palma, sottoscritto, e sigillato del mio sigilo, l'ano 1628 a di 20 Agosto.

Au dos:

1628. Die 17 Octobris. Publicatum et relevatum per clarissimum Dominum Julium Ziliolo, aule serenissimi ducis Venetiarum cancellarium.

XII.

1630, 20 Octobre, à Venise.

Testament de Dominique Robusti, fils du Tintoret.

1630, a di 20. Ottobre. In Venetia.

Io, Dominico Robusti Tentoretto, scrivo di mia propria mano il presente mio testamento, con il qual anulando tutti li altri testamenti per inanti fatti, voglio che questo sia l'ultima mia volontà. Et quando piacerà al signor Iddio che io l'abi compito di vivere in questo mondo, sia quanto ordino in questo pontalmente effetuato.

L'anima mia prima racomando al signor Iddio, suo creatore, et alla beatissima Maria, vergine, nostra avocata.

La mia roba nell' infrascritto modo lasso a mie sorelle Ottavia et Laura.

Il luocho de Zelarin, cioè campi e casa, con li mobili, che in casa si atrovano, con li oblighi infrascritti : pagar al signor prior della cha di Dio, duchati nove, all' anno di livello perpetuo, il qual si paga il giorno del Redentor; il legatto a mie sorelle monache che li lassò mia madre; a madona Laura Zorzi il legato che li lasso mio barba durante la sua vitta ; dopo la morte della qual lasso a mio fratello formento stara doi et vino masteli doi ogni anno durante la sua vitta. Et fin che venira il caso della morte di detta madonna Laura, voglio che dette mie sorelle diano a detto mio fratello, ogni anno, stara uno formento et vino mastello uno.

Lasso al detto mio fratello tutti li rilievi del studio. Et se Bastian, mio giovane, sarà al tempo della mia morte alla mia servitù, lasso quattro pezzi di rilievo, cioè una testa del Vitelo, una figura intiera et doi torzi a sua eletion ; tutti li disegni che sara scritto *Bastian*, et tutti quelli che havera scritto *Zuane*. Al detto Bastian laso hancora schizzi dal natural numero cento cinquanta de homini, et cinquanta de donne, a sua eletion. Li lasso

hancora tutti li colori tridati et tutti li peneli, una pietra di por-
fido et un corente.

A mio fratello, lasso tutti li schizzi et piture di mio padre, dal
rittrato suo fatto in tavola, il qual lasso a mia sorella Ottavia.

Alla qual Ottavia lasso tutti li mie beni mobili et stabili presenti
e futuri et che in qualsivoglia modo potessero pervenir in me. Cioè
lasso a detta Otavia, mia sorella, li campi, casa da Carpeneo,
casa da Venetia, mobili di casa, piture et ogn' altra cosa mia,
con obligo di ristituir qualche capara di opere che non fossero
principiate et che fosse di ragione il restituirle. Al signor Perazzo
Perazzo, voglio che Ottavia dia qualche pittura di mia mano, per
segno di amore che a lei parera. Et al signor cavalier Fornagieri, dia parimente qualche pittura, pur di mia mano, come parera a lei, per segno di amore.

Sostituisco nella comissaria de meser Lodovico da Buora, comisario in loco mio, il signor Pietro Perazzo, del clarissimo
signor Perazzo, il qual prego contentarsi di acetarla con obligo
di dar ogni anno durante la sua vitta al signor Primaditio Fornagieri, mio cugnato, la mità della sua provisione, cioè duchati
diese. Et se sua signoria non si contentasse di acetarla con
detto obligo, in tal caso sostituisco detto signor Primaditio per
comisario di detta comisaria con obligo di dar al detto signor
Pietro Perazzo ogni anno la mita della sua provision. Et perche
detto signor Pietro si ritrova in Spagna, se per caso alla mia
morte egli fosse morto, overo morisse dopo, senzza haver noticia
di esser comissario, in tal caso, sostituisco il signor Primadicio,
con obligo di dar ogni anno la mita della provision al signor Giacometo Perazzo del clarissimo signor Pera Perazzo. Ma se
occoresse che detto signor Giacometo fosse sustituito uno deli
comisarii di detta comissaria, voglio che tutta la provision resti
intiera a detto mio cugnato Fornagieri, ne piu paghi cosa alcuna
a detto signor Giacometto.

Dopo la morte di mie sorelle Ottavia et Laura, voglio che il
luocho da Zelarin sia di mio fratelo; dopo la morte del qual,
detto luocho sia di mie sorelle monache a Santa Anna, l'uno et
l'altre con li oblighi soprascritti.

Se alla mia morte fosse morta prima Ottavia, et che io non
havesi fatto altro testamento, lasso a Laura tutto quello lassava
a Ottavia; ma se Ottavia sara viva, sara mia heriede come di
sopra. Voglio che posi per suo testamento disponer di tutti li mie

beni stabili, se però a quel tempo Laura fosse morta ; ma se sarà viva, voglio che possi disponer solamente della casa da Venetia ; et la casa et campi da Carpeneo voglio che siano di Laura, la qual posi disponer per suo testamento alla sua morte, essendo sicuro che se sara vivo nostro fratello et nostre sorelle monache non farano che questi beni vadino fuori del nostro sangue. Et di questo le persuado ma non le obligo.

Quando venisse il caso che Laura restasse vedoya, voglio che Ottavia eseguisca quanto le ho ordinato a bocca et so che non mancherà.

Voglio che Ottavia e Laura possino per sua comodità d'acordo disponer del luocho da Zelarin dopo la morte però di nostro fratelo, overo quella solla che fosse viva, perchè voglio che morendo una l'altra resti solla patrona di quel luocho; alle quali racomando le monache nostre sorele.

Lasso a mio fratello un credito alli Signori di notte crimina [1], de duchati 40.

Mia comesarla solla voglio che sia Ottavia, mia sorella. Il formento e vino che laso a mio fratelo dopo la morte de madona Laura, voglio si cavi dal luocho de Zelarino.

Au dos :

Testamento di me, Dominico Robusti Tentoreto, scritto di mia propria mano.

Die 19. Maii 1635. Publicatum et rellevatum in publicam formam per illustrissimum Dominum Franciscum Erizzo, ducalem cancellarium.

L. DE MAS LATRIE.

---

1. Il y avait deux Colléges ou Tribunaux des *Signori di Notte*, l'un au Criminel, l'autre au Civil, chacun avec sa juridiction, son administration et sa caisse distinctes.

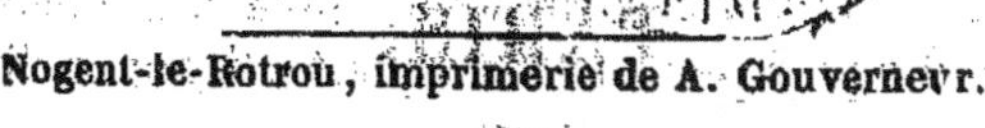

Nogent-le-Rotrou, imprimerie de A. Gouvernevr.